Quem EU SOU?

O despertar da consciência

Grupo Anjos de Luz ®

Quem EU SOU?

O despertar da consciência

Série: Mensagens de Luz para o seu dia

Volume 1

1ª Edição

Belo Horizonte
Grupo Anjos de Luz ®
2019

Título original: Quem EU SOU? - O despertar da consciência

Canalizadoras: Carla Lopes | Fátima Castro | Kaká Andrade | Karina Veloso
Maria Alice Capanema | Rita Pereira

Design gráfico e editorial: Alice Sena

Revisão: Agni Melo | Elizabeth Palomero | Kaká Andrade | Karina Veloso
Nair Pôssas Guimarães | Rita Pereira | Valdir Barbosa

Q3

    Quem EU SOU? - O despertar da consciência / Carla Lopes, Fátima Castro, Kaká Andrade, Karina Veloso, Maria Alice Capanema, Rita Pereira (canalizadoras). Belo Horizonte: Grupo Anjos de Luz, 2018.
    49p. - (Mensagens de Luz para o seu dia ; v.1)

    ISBN 978-65-80152-00-1

    1. Espiritismo 2. Psicografia 3. Parapsicologia 4. Ocultismo I. Lopes, Carla II. Castro, Fátima III. Andrade, Kaká IV. Veloso, Karina V. Capanema, Maria Alice VI. Pereira, Rita. VII. Título VIII. Série.

CDD 133.9
CDU 133.7

Sumário

Apresentação e agradecimentos

Evidencia-se, a cada dia, a necessidade de elevação da consciência de todo o Planeta Terra, diante de seu atual estágio de mudanças vibracionais e daqueles que nele habitam, uma vez que as energias se encontram em ápice de evolução, superando o momento de provas para o alcance da fase de regeneração. A Terra se tornará, em breve, um Planeta de seres em sintonia com as Verdades Divinas, para o equilíbrio e a unidade com a Energia Superior, Deus!

Neste cenário, inicia-se, por meio deste livro, uma Série de **Mensagens de luz para o seu dia**, com instruções e reflexões, as quais foram reunidas em quatro volumes, contendo os seguintes temas: 1º volume: <u>Quem EU SOU? - O despertar da consciência</u>; 2º volume: <u>O que estou fazendo aqui? - Em busca de si mesmo</u>; 3º volume: <u>Para onde quero ir? - Caminhando na luz</u>; e 4º volume: <u>Como quero ir? - Consciência plena</u>.

Este primeiro volume foi elaborado com a finalidade de compartilhar mensagens enviadas pela Espiritualidade de Luz com todo aquele que se interessa em se conscientizar sobre quem verdadeiramente é, qual sua essência, buscando a compreensão como ser integrante do contexto planetário e, assim, entender o que está fazendo aqui, para onde deseja ir e como quer ir!

A ideia, portanto, é a de que este orientador seja seu companheiro diário.

Aqui, neste espaço, você encontrará uma **Mensagem inicial** do Mestre Jesus, **Mensagens diárias de Luz** enviadas pelos Mestres da Grande Fraternidade Branca, Equipe da Colônia Médica do Grande Coração de Astheriã e Grupo Anjos de Luz. Há uma mensagem para cada dia da semana, a fim de que você se familiarize sobre o bom uso dos ensinamentos divinos em seu cotidiano. O livro contém, ainda, **Mensagens da Espiritualidade de Luz**, **Meditações em orações**, **Orações inspiradoras**, uma **Mensagem final** e um **Glossário da vitalidade** para auxiliá-lo no encontro de seu Eu Sou Divino, essencial para seu equilíbrio energético.

Gratidão a todos que contribuíram para a construção deste livro, proporcionando a conscientização da humanidade sobre **o caminho, a verdade e a vida** que Jesus veio ensinar.

Seja bem-vindo(a)!

Introdução

"Quem EU SOU?"
O despertar da consciência

Este livro pretende despertar sobre o Eu Sou, a fim de o ser humano conscientizar-se como um ser formado de energia ativa e que produz mais energias, necessitando, portanto, estabelecer uma conexão energética com a Pura Energia Divina do Universo, Deus, para seu bem-estar e equilíbrio.

Diante desta compreensão, cada um resgatará dentro de si o Eu Sou, Pura Centelha Crística de Deus, que é a luz do Amor Incondicional que brota no seu próprio coração, a guiar seus passos, pensamentos e sentimentos, na construção do caminho espiritual, sendo Senhor absoluto de sua consciência e de suas ações.

Ao encontrar o Eu Sou Divino dentro de si, você se desligará de tudo o que te limita, da negatividade ligada ao ego, ao orgulho, à vaidade, para resgatar a paz, a harmonia interior e estabelecer uma conexão direta com as mais altas esferas vibracionais da Espiritualidade de Luz.

As mensagens foram distribuídas por dias da semana, com o objetivo de harmonizar seu interior para uma prática diária de amor, potencializando suas virtudes, em gratidão e respeito por si mesmo, pelo próximo, pelo Planeta Terra e pelo Criador!

Cada dia da semana possui uma mensagem enviada pela Espiritualidade de Luz (Mestres Ascencionados, Chohans/Dirigentes do dia, Anjos, Arcanjos, Médicos e demais Obreiros do caminho da Luz), vibracionalmente sintonizada naquele dia!

As mensagens foram agrupadas em 4 (quatro) Semanas de Luz, de modo que você estará amparado todos os dias da semana, a partir do dia em que iniciou. Nos meses com 5 (cinco) semanas, na quinta semana, sinta-se livre para se dedicar às leituras ou às releituras que desejar.

Convidamos você a mergulhar nesta consciência libertadora e acolhedora da mais Pura Energia Divina do Eu Sou!

Mensagem inicial

Mestre Jesus: Caminho, Verdade e Vida

"Eu Sou o caminho, Eu Sou a verdade, Eu Sou a vida dentro de cada um de vós! Esta é uma mensagem de amor, para que aprendam amar ao próximo e a vós mesmos.

A compreensão dos seres da Terra deveria ser mais fácil sobre qual caminho seguir, para que possam ter uma vida terrena humana e espiritual plena.

Contudo, muitos acabam interpretando erroneamente os ensinamentos que nosso Pai Universal quis que, através de mim, fossem passados ao vosso Planeta.

Precisais, meus filhos e irmãos, que se concentrem na pureza destes ensinamentos. Somente pensamentos puros e desprovidos de qualquer emoção poderão ter a compreensão verdadeira do que nós, aqui junto ao Pai, desejamos a vós!

A emoção, meus irmãos, vem carregada de sentimentos que podem bloquear a visão espiritual verdadeira.

É preciso equilibrar a emoção com a razão, para que os pensamentos racionais sejam direcionados à força positiva do bem e do correto entendimento sobre a atuação na vossa evolução espiritual.

As emoções, muitas vezes, trazem confusões sentimentais, como amor e ódio, raiva e perdão, crendo no limite de seu poder de cura, a lhe levar também a acreditar que sempre necessitará de algo externo para se curar, além de diversas outras limitações, tais como medos, inseguranças nas decisões, mágoas, dentre outros sentimentos que acabam prejudicando vossa evolução.

Irmãos, observem com imparcialidade os exemplos que deixei na Terra.

Aqui, nosso Pai se fez presente através de mim como humano, para mostrar a todos que os humanos, que possuem a centelha divina dentro de si e são espíritos em evolução, poderão, sim, agir dentro de um raciocínio de fé sobre a força de vossos pensamentos, para, então, conseguirem, através da concentração plena, equilibrarem sua mente, seu corpo e seu espírito, atraindo para vós toda energia de bondade, para serem livres das emoções negativas e, assim, para curarem a si mesmos e aos outros, tanto das mazelas carnais quanto espirituais.

Portanto, o caminho ensinado é o do perdão a si mesmo e ao próximo, do amor incondicional, da misericórdia e do poder da cura, da conexão com a sabedoria divina, da busca de vossa autoproteção espiritual e energética e do vosso equilíbrio, para ascensão de todos os vossos desejos, anseios evolutivos e também materiais.

A verdade é a de que todos, absolutamente todos os humanos, poderão ter êxito em seguir este caminho, que envolve necessariamente a caridade e a cura.

Lembram-se dos milagres? São exemplos de poder da cura e da fé que está em cada ser humano.

Vivam esta verdade, meus filhos: Vós sois Deus e tendes o poder para obterem a glória, para sempre!

Se são Deuses, como foi dito, é porque há um Deus dentro de vocês e é por isso que vimos sempre vos orientando a se concentrarem energeticamente e a conclamarem o vosso Eu Sou Deus, para resgatarem o vosso Deus interior, deixado pela Chama Trina[1], como centelha divina e pilar do amor incondicional, da sabedoria divina, da proteção e da fé, que abarcam todas as formas para vosso bom caminhar.

É verdade, ainda, que espíritos de alta Luz, da Grande Fraternidade Branca, estão em vosso auxílio, de todas as maneiras possíveis, orientando grupos espirituais e terrenos de auxílio à evolução e do resgate do caminho verdadeiro a ser seguido.

Cada dia da semana possui um raio de luz colorido mais intenso enviado ao Planeta Terra e para cada raio há um guardião, um Chohan, que auxilia na condução desta energia, de maneira mais intensa, e coordena a Espiritualidade de Luz que trabalha na intensificação das virtudes existentes e abrangidas pelas cores, combatendo, lado outro, as negatividades contrárias.

As demais cores podem ser invocadas a qualquer tempo e dia, além daquele raio de luz mais intenso enviado à Terra no dia da semana.

As cores também são intensificadas em luzes artificiais colocadas pelos humanos, pedras, sprays e todos os demais objetos que tenham poder energético.

Portanto, meus filhos queridos, invoquem a Espiritualidade de Luz para aumentarem vossas virtudes e afastarem os sentimentos ruins e usem as cores e seus poderes de forma racional, raciocinada para o bom aprendizado e com foco no afastamento das energias negativas, que devem ser repelidas.

O poder das cores, ou seja, das virtudes evidenciadas e incentivadas através da Espiritualidade de Luz que nelas atuam, é apenas uma das formas de se sentirem seguros e de terem um norteamento para vosso alcance evolutivo.

Busquem também a meditação e as medicinas alternativas energéticas.

Cientes do caminho e da verdade, restou apenas dizer a vós que a vida verdadeira é aquela em Cristo, em Deus, e que a evolução do ser humano passa, necessariamente, pela evolução espiritual, pois a vida espiritual é eterna e um dia todos vós terão morada no Universo pacífico da Pura Energia Divina, que é Deus.

---

[1] Chama Trina: Luz Azul à sua direita, Luz Dourada ao centro e Luz Rosa à sua esquerda – A Chama Trina é a Centelha Divina deixada por Deus em cada ser humano, o qual foi feito à Sua imagem e semelhança (Eu Sou divino)! Localiza-se no chakra cardíaco, no centro do peitoral do ser humano. 

Seguindo este caminho, com consciência na verdade cristã, poderão obter uma vida terrena transmutada para o bem e para a felicidade verdadeira, fazendo com que também alcancem o mais alto amor divino em espírito!

Ouçam sempre os ensinamentos enviados por mensageiros, meus filhos e irmãos!

Orai e vigiai sempre, para que permaneçam no caminho da luz!

O Mestre Kuthumi, junto comigo e com Mãe Maria, estamos em constante atuação por vós, mais intensamente agora, para vos preparar para a Nova Era que chegará!

Eu vos amo!

Fiquem em Paz!

Eu Sou JESUS, dentro de cada um de vós e Coordenador dos trabalhos espirituais na Terra!"

(Mensagem canalizada em 16/05/2018)

Mensagens diárias de Luz

1ª Semana de Luz – Domingo
Luz Azul: Mestre El Morya – Arcanjo Miguel
(Virtudes: Fé, Proteção, Força, Poder Pessoal, Vontade Divina)

Mestre El Morya: Luz Divina!

"Eu Sou a Luz Divina em cada ser aqui presente!

Eu Sou o Amor que emana de seus corações!

Eu Sou o Poder Divino contido em cada humano, a energia do universo, energia que se expande e adentra em cada lar, família, finanças, trabalho, vida privada que, ao serem abençoados, se tornarão um só, uma só energia!

Toda a espiritualidade é formada por energias!

As formas são humanas e servem para nos comunicarmos entre nós no Planeta Terra!

Invoquem as luzes, as cores, para que se conectem com estas energias puras de amor, perdão, verdade, cura, fé, Poder Divino que está dentro de você.

Expandam as luzes! De todas as cores!

Auxiliem a vocês e aos seres encarnados e desencarnados, envolvendo-se e aos demais nestas luzes!

Imaginem-se com um ponto de luz no meio da testa, entre as sobrancelhas, além da Chama Trina (no centro do peito), concentrando-se até que se expandam ao ambiente e aos espíritos!

Eu Sou Luz! Eu Sou Perfeição!

Deus está em cada um!

Que a luz azul da proteção e da fé esteja com todos vocês!

Eu Sou Mestre El Morya."

(Mensagem canalizada em 25/05/2017)

1ª Semana de Luz – Segunda - feira
Luz Dourada: Mestre Confúcio – Arcanjo Jofiel
Mestre Kuthumi (antigo Chohan - atual Instrutor do Mundo) - Mestre Lanto
(Virtudes: Sabedoria, Iluminação, Ciência, Tecnologia, Conhecimento, Inspiração)

Mestre Confúcio: Conexão Suprema

"A Luz Divina, de Deus Pai Todo Poderoso, esteja sempre convosco!

Amigos em Cristo, o amor incondicional que paira sobre a energia terrestre é inigualável, sendo o meio mais propício para alcançarem todos os vossos intentos evolutivos, pois ativam a energia bondosa existente em seus corações, a lhes iluminar o ser encarnado e expandir o seu Eu Sou Luz que há em cada um!

Esta expansão de sua consciência divina interior se dá à luz da Sabedoria Divina, que depende de estudos e dedicação, persistência e disciplina!

São virtudes essenciais para vossas conexões racionais energéticas com os ensinamentos divinos.

Isto lhes possibilitará serem multiplicadores da paz de Deus em qualquer ofício ou função, pois serão exercidos sob a luz dourada e transmitirão o seu verdadeiro sentido.

O mesmo valerá para suas relações pessoais e de trabalho!

Estudem e instruam-se, pois, neste momento, serão também intuídos, momento este de conexão à Energia Suprema.

Eu vos amo!

Eu Sou Mestre Confúcio."

(Mensagem canalizada em 19/09/2018)

Mestra Rowena: Amor Incondicional

"A mensagem de Deus é única:

Amem ao próximo como a ti mesmo!

O amor transmuta a energia do mundo e do ser humano!

Amar significa tolerar, ver os erros e os acertos com carinho e resignação.

O amor está no ambiente e no interior de cada um e controlem-se, portanto.

Quero dizer-lhes que estão no caminho certo e peço que exercitem o amor diariamente!

Retirem um momento do dia para pensarem na sua Vida e exercitarem o amor e a compaixão!

Amem-se!

Eu Sou Mestra Rowena."

(Mensagem canalizada em 16/03/2017)

1ª Semana de Luz – Quarta - feira
Luz Branco-cristal: Mestre Seraphis Bey – Arcanjo Gabriel
(Virtudes: Pureza, Paz, Equilíbrio, Ascensão, Silêncio, Ressurreição,
Purificação, Limpeza de Karmas)

Mestre Seraphis Bey: Orai e Vigiai

"Livrai-nos, Senhor, de todo o mal, agora e sempre!

As energias negativas estão tumultuando o mundo, vinculadas a espíritos de baixas vibrações! Então, apeguem-se à espiritualidade do bem!

Não permitam que pensamentos ruins permaneçam em suas mentes! Eles, por vezes, com vocês invigilantes, acabam aparecendo, em razão desta confusão energética, mas o importante é que persistam!

A melhor forma de espantar os pensamentos ruins é através da oração!

Orem! Conversem com seus espíritos guardiões e protetores, ouçam uma música leve e que lhes passe uma energia de qualidade, porque os pensamentos ruins serão afastados de vocês!

Se os pensamentos maus voltarem, orem novamente, incansavelmente, de modo que o seu campo energético protetor de luz divina não se enfraqueça. Desta maneira, todas as intempéries da vida encarnada terão sua própria luz para o enfrentamento correto e evolutivo, no caminho do bem!

Vocês são formados de pura energia!

Tudo no Planeta Terra possui átomo em sua constituição, ou seja, tudo é energia, seja no campo da encarnação, quanto no Além, na espiritualidade!

Fortaleçam esta energia que compõe cada um, com a centelha divina da Chama Trina que se encontra no seu coração, expandindo esta luz e se conectando com as energias do Universo, cuja pureza e perfeição se denomina Deus, Pai de amor e de bondade!

A energia pura do amor, quando invocada com a mais pura intenção em seu coração e pensamento, prevalece sobre todos os males, amenizando sua passagem evolutiva pelo Planeta Terra!

Que a Pura Energia Divina fique com vocês!

Eu Sou Mestre Seraphis Bey."

(Mensagem canalizada em 22/06/2017)

1ª Semana de Luz – Quinta - feira
Luz Verde: Mestre Hilarion – Arcanjo Rafael – Mestra Mãe Maria
(Virtudes: Curas, Verdades, Justiça Divina, Concentração e Dedicação)

Mestre Hilarion: Cura

"O Pai Amado está sobre a Terra!

O Pai é a Pura Energia de Luz de Amor!

Busquem a luz interna que encontrarão Deus e simplesmente curarão todos os seus males e também os dos outros!

Esse é o poder da Cura!

Todos o têm! Todos!

Basta que exercitem todos os dias!

Meditem! Exercitem!

Com muita fé, moverão montanhas!

Acreditem!

Curem-se e curem os outros!

Eu Sou Mestre Hilarion."

(Mensagem canalizada em 16/03/2017)

1ª Semana de Luz – Sexta - feira
Luz Rubi-dourada: Mestra Nada – Arcanjo Uriel
Mestre Jesus (antigo Chohan - atual Instrutor do Mundo)
(Virtudes: Misericórdia, Devoção, Amor, Curas)

Mestra Nada: Confiança

"Muita luz para todos!

Confiem em tudo o que está sendo apresentado para vocês! Confiem!

Este local é de puro amor!

Há muita energia positiva, muita luz! Envolvam-se nela e acreditem!

Acreditem em vocês, que são merecedores de se libertarem dos males do mundo e de fazerem parte dos trabalhadores da luz!

Meus irmãos, sigam no caminho do bem e não desistam!

Tudo terá seu momento certo, mas dependerá de seu estudo e do processo evolutivo formado pelo seu livre arbítrio!

Persistam! Sejam fortes na luz!

Muita paz e amor!

Eu Sou a Força Divina do poder da Luz Rubi-Dourada.

Eu Sou Mestra Nada."

(Mensagem canalizada em 08/06/2017)

1ª Semana de Luz – Sábado
Luz Violeta: Mestre Saint Germain – Arcanjo Ezequiel
(Virtudes: Transmutação e Transformação, Liberdade, Apelos, Compaixão)

Mestre Saint Germain: Transformação e Renovação

"Sou um ser da luz violeta da transmutação dos seres e das energias!

Orem meus irmãos!

Foquem seus pensamentos em suas melhorias espirituais, evolução do saber, conhecimento da verdade inserida no contexto da libertação, para o bom uso do poder divino!

O poder do Cosmos é movimentado pela força do pensamento, pelas energias que dele saem!

Então, já sabem como transmutar todo negativo no positivo!

Aproveitem o momento de mudança energética da Terra para se automodificarem e mudarem as energias ao seu entorno!

Atraiam para si apenas abonanças, felicidade, pureza e amor!

Transformem suas vidas!

Deixem o velho para trás!

Tudo novo dentro de cada um!

Fazendo isto, tudo ao seu redor se renovará para o bem!

Sigam na luz violeta do amor, da ascensão, da transmutação do velho ao novo!

Mantenham-se nesta luz ... Luz que aquece os seres!

Amo vocês!

Fiquem paz!

Eu Sou Mestre Saint Germain."

(Mensagem canalizada em 25/05/2017)

2ª Semana de Luz – Domingo
Luz Azul: Mestre El Morya – Arcanjo Miguel
(Virtudes: Fé, Proteção, Força, Poder Pessoal, Vontade Divina)

Mestre El Morya: Proteção Celestial

"Meus irmãos!

Hoje, trago-lhes uma palavra de paz e amor: PROTEÇÃO!

Sintam-se protegidos pelo poder da luz azul da fé e da proteção de suas energias contra as energias densas deste Mundo! A luz do amor, do perdão, da paz, da misericórdia, da cura e de todo o tipo de proteção que precisarem!

Todas as luzes, na verdade, levam a uma única luz energética divina, a do Pai Celestial, bondoso e misericordioso!

A luz azul é forte na proteção e na manutenção de todas as demais virtudes já iniciadas em todos, quando Deus permitiu que fosse inserida em cada coração humano a Chama Trina, que pode ser expandida a todo o momento!

A Chama Trina é a centelha divina guardada dentro de cada um! Basta expandi-la para sentirem como terão o poder de amar incondicionalmente, de serem intuídos por seu próprio Eu Sou nas suas decisões, iluminados pela Chama Dourada, que está ao lado da Chama Rosa do puro amor, permanecendo protegidos por sua própria luz azul, fortificada por seu campo energético, conectado às energias divinas que estão no Universo, ao Deus Pai todo poderoso, que está dentro do Eu Sou de cada um.

Essa luz azul da fé em vocês mesmos os curará das mazelas do mundo e das doenças carnais e espirituais, até mesmo psíquicas, porque a fé no seu Eu Sou mudará o mundo!

Que a paz do Senhor Jesus Cristo, de Mãe Maria, Mestre Saint Germain e demais seres de luz da Grande Fraternidade Branca se fortaleça em vocês, hoje e sempre!

Eu vos amo!

Eu Sou Mestre El Morya."

(Mensagem canalizada em 09/07/2017)

2ª Semana de Luz – Segunda - feira
Luz Dourada: Mestre Confúcio – Arcanjo Jofiel
Mestre Kuthumi (antigo Chohan - atual Instrutor do Mundo) - Mestre Lanto
(Virtudes: Sabedoria, Iluminação, Ciência, Tecnologia, Conhecimento, Inspiração)

Mestre Kuthumi: Centelha Divina

"Meus irmãos, a boa nova chega até vós hoje e todos os dias da vida espiritual de cada um!

Esta boa nova consiste na informação e na transmissão da verdade divina sobre a vossa luz interior, que deverá ser cada vez mais purificada!

Esta luz, meus irmãos, é a centelha divina que nosso Pai Celestial deixou dentro do coração de cada um dos seres encarnados na Terra. É ela que será a salvação de todos e do Mundo ao seu redor!

Irmãos, a centelha divina é Deus dentro de Vós, ou seja, são todos criados em perfeição e poderão a ela retornar, desde que orem e vigiem o tempo inteiro, a fim de seguir o caminho, a verdade e a vida feliz que Jesus veio ensinar!

Esta centelha pode ser simbolizada como a Chama Trina que está no chakra cardíaco, de luz azul da proteção e fé e vontade divina, rosa do amor e do perdão e dourada da sabedoria divina, para que façam as escolhas corretas dentro de seu livre arbítrio, a lhe levar à esperada evolução espiritual.

O Eu Sou Deus que está em vós deverá ser constantemente buscado, na pureza e na paz de Deus! Atentem-se para os ensinamentos que estão sendo passados!

Eu vos amo e estou convosco, como Instrutor do Mundo, junto com Jesus Cristo e Mãe Maria, para lhes auxiliar a seguir conforme a oração que se deixou em meu nome quando encarnado como São Francisco de Assis.

Procurem seguir de verdade os conselhos desta oração!

Eu vos amo!

Confiem! Fé e amor!

Luz e muita sabedoria!

Eu Sou Mestre Kuthumi."

(Mensagem canalizada em 30/07/2018)

Mestra Rowena: Amor e Libertação

"Que a luz divina da paz do amor puro esteja com vocês, meus irmãos queridos!

Os corações hoje se enchem de amor, como um rio de luz rosa a seguir ao infinito, até o Pai Celestial, até a mais pura energia em perfeição!

Que este amor se expanda para todos ao seu redor, para o mundo, para vocês mesmos, para os necessitados, para as crianças e aos seus companheiros e familiares!

Amem-se! Perdoem-se!

Sintam a calma e a tranquilidade que o amor traz, bem como a libertação do perdão a si e aos outros!

Que este amor possa ser também entendido como um gesto de caridade, de compaixão e de misericórdia! De liberdade, meus queridos!

Levem esta luz rosa do amor incondicional aos seus caminhos, às suas casas e se inundem dela, sentindo toda a preparação e o campo fértil para se desenvolver cada evolução, particularmente em cada um de vocês, pois o amor é a base da cura das feridas do passado e desta vida, a viabilizar o crescimento espiritual, dentro da paz do seu Santo-Ser-Crístico Eu Sou!

Fiquem na paz do puro amor e, se não estiverem sabendo amar, chamem os espíritos da Luz Rosa que encontrarão auxílio para a resposta, em seu livre arbítrio!

Muito amor e muita proteção a todos aqui, que vieram sentir este divino amor!

Eu vos amo!

Estarei com vocês neste momento de transformação energética do Planeta Terra e somente com muito amor e respeito, purificação, paz e cura de suas imperfeições, terão satisfação nesta mudança!

Que assim seja!

Eu Sou Mestra Rowena."

(Mensagem canalizada em 12/06/2017)

Mestre Seraphis Bey: Paz Interior

"Que a paz do Senhor Jesus Cristo esteja com vocês!

Queridos irmãos, venho aqui trazer uma mensagem de confiança e de paz!

Escolham seus caminhos dentro da luz divina e tenham certeza de que estarão no caminho certo!

Cuidem-se!

Cuidem de suas energias, de suas condutas, sejam leves na vida dentro dos ensinamentos do Cristo que estarão seguros!

A segurança vem da confiança do que estiverem fazendo e isto só será alcançado se se dedicarem à paz interior, ao resgate de seu Eu Sou, que é a luz divina da perfeição que está dentro de vocês e que se conecta com a Pura Energia Divina, que é o Pai, Deus do Universo!

Tudo no mundo é energia!

Vocês precisam se conectar com as energias positivas que estão relacionadas à fé inabalável no Poder Divino que está dentro de cada um.

Fortaleçam sua fé!

Limpem-se! Perdoem-se!

Os problemas da humanidade, as energias truncadas levam à ilusão das imperfeições, das incertezas, dos medos!

Sigam na luz!

Orem! Orem! Orem novamente!

A meditação através da oração fortalece seu Eu Sou espiritual e afasta espíritos mais densos e energias ruins!

Que a luz divina Branco-cristal da pureza de suas almas e da ascensão do seu Eu Sou fique com vocês!

Eu Sou Mestre Seraphis Bey."

(Mensagem canalizada em 29/06/2017)

Arcanjo Miguel: Escolha e Confiança

"Meus amigos que tanto cuidamos, estou aqui para lhes dizer que podem contar comigo e com toda a hierarquia de Anjos e Arcanjos que cuidam de vossas proteções!

Chamem-nos sempre que precisarem, com maior afinco, mas saibam que poderão, deverão, se proteger a todo o momento.

Somos trabalhadores da luz e temos muitos afazeres, mas todos voltados para vocês mesmos!

Estamos a postos e a única coisa que nos atrapalha é a falta de fé de vocês mesmos, da crença de que de fato estão sendo protegidos!

Não confundam situações inesperadas e até ruins que aconteçam com vocês quando vocês mesmos estão desprotegidos e se esquecem de vocês mesmos no cotidiano. Não se confundam ainda com eventos programados por vocês mesmos em livre-arbítrio, os quais deverão servir para vossas evoluções.

Tenham resignação e humildade e tentem retirar destes momentos de provas e expiações os aprendizados necessários para seguirem sem o karma que foi devidamente enfrentado.

Mas saibam, vocês podem aliviar seus karmas fazendo boas escolhas em suas vivências, protegendo-se, tendo fé em vocês mesmos e nas Energias Supremas, potencializando sua Vontade Divina de ser bom e atrair só o amor e o bem!

Muita luz azul e proteção!

Eu Sou Arcanjo Miguel."

(Mensagem canalizada em 19/09/2018)

Mestre Lanto: Sabedoria Divina

"A Luz do Amor, da Fé e da Sabedoria Divina estão em toda parte e dentro de Vós mesmos, meus irmãos em luz!

Que a luz da Sabedoria Divina siga sempre em vossa direção e não seja repelida pela ignorância dos arrogantes e soberbos, pois os humildes de coração terão a glória dos Céus!

A humildade passa pelo perdão a si e ao próximo e, principalmente, pela conduta silenciosa de compaixão com o próximo e com o momento difícil em que vive em conexão equivocada de suas energias!

Muita luz dourada nos vossos olhares ao outro! Muita luz divina da Sabedoria nas suas visões do presente e do futuro, relativamente às pessoas, aos ambientes e a todas as coisas.

Que os relacionamentos entre as pessoas e as matérias possam ser regidos pela luz da Sabedoria Divina, luz essa que lhes dá a certeza de que estão no caminho certo, amparados pela Energia Pura do Universo!

Se não houver clareza das virtudes maiores nas suas condutas, parem e se conectem com a luz dourada, que terão a luz!

Muita luz dourada!

Eu Sou Mestre Lanto.”

(Mensagem canalizada em 19/09/2018)

3ª Semana de Luz – Terça - feira
Luz Rosa: Mestra Rowena – Arcanjo Samuel
Outros Mestres Ascensos: Paulo, o Veneziano (antigo Chohan deste Raio)
(Virtudes: Amor Puro Incondicional, Perdão, Autoaceitação, Gratidão, Beleza, Bondade, Reverência, Tolerância, Adoração)

Mestra Rowena: Pureza e Bondade

“Assim é a vida, cheia de desafios!

Vocês precisam se proteger e enfrentar tudo sabendo que vai passar! Tudo passa!

O aprendizado fica e será levado para sua evolução espiritual!

Estamos passando por um momento de turbulência, mas que servirá para limpar as energias do mundo!

Vocês precisam manter a frequência divina, para não caírem nas energias negativas!

Limpem-se! Energizem-se! Alegrem-se!

Sintam-se pacificados, com energia do puro amor!

Curem seus pensamentos e corpos!

Vim aqui hoje tentar alertá-los para o bem constante, para o puro amor!

O amor e o perdão libertam!

Amem-se! Amem aos necessitados! Amem seus familiares!

Amem a vocês mesmos!

Só o amor os libertará!

O perdão liberta! Isso é o amor!

Perdoar é deixar seguir sua vida e a do outro sem pensar a todo o momento no passado. Eliminar um pensamento ruim sobre os motivos das desavenças!

Recebam meu amor incondicional, o amor em luz rosa universal!

Muito amor!

Um ser da luz rosa do amor incondicional.

Eu Sou Mestra Rowena.”

(Mensagem canalizada em 25/05/2017)

3ª Semana de Luz — Quarta - feira
Luz Branco-cristal: Mestre Seraphis Bey — Arcanjo Gabriel
(Virtudes: Pureza, Paz, Equilíbrio, Ascensão, Silêncio, Ressurreição, Purificação, Limpeza de Karmas)

Mestre Seraphis Bey: Fé e Transformação

“Paz e amor aos seres encarnados e desencarnados!

O mundo está em evidente transformação. Vejam tudo com muito amor e misericórdia!

Pratiquem a caridade!

Tenham compaixão pelos seres de baixa energia. Tratem-nos com amor e perdão, mas demonstrando firmemente o caminho da força e da fé.

Mantenham-se na retidão!

Sejam fortes no bem!

Ascencionem as energias ruins para as boas! Para isto, envolvam pessoas, espíritos e situações na luz Branco-cristal, a fim de retirar da situação difícil para uma feliz!

Vocês podem fazer isto! Podem transformar situações!

Deverão apenas ter um grão de mostarda de fé!

Ascencionem situações e vocês também!

Acreditem!

Concentrem-se na luz e concretizem em seu pensamento o que desejam, desde que justo! Se injusto, também precipitará, cuidado!

Monitorem seus pensamentos. A energia que vai, volta!

Sejam firmes da luz para que ela volte a vocês!

Com amor e paz.

Eu Sou Mestre Seraphis Bey.”

(Mensagem canalizada em 27/04/2017)

3ª Semana de Luz – Quinta - feira

Luz Verde: Mestre Hilarion – Arcanjo Rafael – Mestra Mãe Maria

(Virtudes: Curas, Verdades, Justiça Divina, Concentração e Dedicação)

Mestre Hilarion: Cura Universal

"Filhos queridos, amados,

Venho aqui dizer a vocês que tenham calma e gostaria que sentissem fé e um pouco da paz do mundo que Deus quer, porque é essa a verdadeira benção para a cura do mundo!

O mundo tem energias ruins. Rezemos pela paz do mundo!

Sempre ajudarei vocês aqui para somarem a paz do mundo!

Vocês são fortes e bons e isso muda o mundo!

Amém!

Eu Sou Mestre Hilarion."

(Mensagem canalizada em 16/02/2017)

3ª Semana de Luz – Sexta - feira

Luz Rubi-dourada: Mestra Nada – Arcanjo Uriel

Mestre Jesus (antigo Chohan - atual Instrutor do Mundo)
(Virtudes: Misericórdia, Devoção, Amor, Curas)

Mestra Nada: Caminho e Luz

"O Senhor Jesus esteja convosco!

Vocês estão aqui apenas para ajudarem a vocês mesmos e aos outros, no plano terreno e espiritual, o que é maravilhoso e faz parte de sua evolução espiritual.

Sigam em frente!

Com fé e muito amor, serão iluminados para o caminho da luz e amor! Mas confiem e mantenham-se limpos energeticamente, para que possam se sentir seguros quanto às intuições que aparecerão!

Vocês receberão um presente divino: serão guiados! Confiem!

Utilizem seu livre-arbítrio para as escolhas do bem!

Mas não deixem o ego ser maior, para não se perderem!

Concentrem-se!

Fiquem em paz!

Misericórdia e amor!

Eu Sou Mestra Nada."

(Mensagem canalizada em 06/07/2017)

Mestre Saint Germain: Paz e Bem

"Sou um espírito da Grande Fraternidade Branca, que compõe esta Equipe de Luz que trabalha incessantemente em prol da evolução espiritual dos seres humanos no Planeta Terra!

Escutem: o Planeta está passando por uma enorme transformação energética e muitas energias estão misturadas. Por isto, vocês precisam se manter na luz pura do amor divino, em harmonia com o Cosmos perfeito, com Deus, para que não deixem esses vazios da carne serem preenchidos com captações de energias perdidas ruins.

Esses buracos sentimentais, essas faltas de lugares dos seres encarnados deverão ser preenchidos com a paz de Cristo, com a doação de si mesmos ao Pai, à verdade, seguindo o caminho que Cristo veio na Terra mostrar!

Ocupem-se de se dedicarem à sua evolução espiritual.

Inicialmente, perdoem-se e perdoem a todos e a tudo, para que se limpem e para permitirem que as energias divinas entrem neste espaço espiritual que, não se enganem, nunca poderá ser preenchido com qualquer situação ou pessoa encarnada, a não ser por vossa evolução e purificação espirituais.

A paz advém do Silêncio proposital para a conexão divina e o preenchimento dos vazios se dará com a prática de sua autoenergização, energização através de terceiros e sua energização aos outros, na caridade consigo mesmo e com o próximo!

Essa é a verdade que cura a alma, através da ativação do poder divino que está dentro de você, pois foste feito à semelhança do Cristo.

Tenham fé em seus próprios poderes divinos.

Que tenham fé e certeza de que vocês podem mudar as energias ao seu redor e a curar a vocês mesmos e aos outros, dentro do livre-arbítrio de cada um de crer e doar e de crer e receber!

Que a paz do Universo venha até vocês e que vocês sirvam de exemplos para tantos outros na evolução espiritual, com a prática efetiva em suas próprias vidas!

Sejam centelhas divinas no mundo!

Fiquem com Deus Pai do Universo. Que assim seja!

Eu Sou Mestre Saint Germain."

(Mensagem canalizada em 27/07/2017)

4ª Semana de Luz – Domingo

Luz Azul: Mestre El Morya – Arcanjo Miguel

(Virtudes: Fé, Proteção, Força, Poder Pessoal, Vontade Divina)

Mestre El Morya: Eu Sou

"Passei aqui apenas para lhes deixar uma mensagem de Proteção e Fé!

Muita Fé em tudo de bom que está sendo mostrado a vocês e muita Força, meus irmãos, para seguirem e escolherem o caminho curto divino!

A Fé move montanhas, meus irmãos, tenham certeza disto!

Não se confundam com dizeres estranhos ou interpretações que dissipem a verdade que Cristo trouxe a vocês na Terra!

A Verdade é que Vós Sois Deus, o Poder e a Glória para sempre!

Se sois Deuses, o vosso Eu Sou pode, na mais alta fé de que sois Deus em seu interior, mudar o mundo e vossas vidas!

Poderão curar, abençoar, tratar pessoas, sede misericordiosos, fazer caridade, tudo isso que Jesus veio mostrar!

Atitudes, meus irmãos!

Para isto, mantenham-se protegidos na luz!

Arcanjo Miguel lhes concede escudo azul, para que o vistam todos os dias de vossas vidas e lhes protejam de toda energia ruim.

Envolvam-se na luz azul divina, da Fé e da Proteção e tenham a certeza de que estarão resguardados de todo o mal, devendo vós saberdes de que a evolução espiritual passa por provações, não necessariamente revestidas do mal, embora muitas vezes não compreendidas aos olhos humanos!

Tenham Fé, que tudo se ajeitará!

Muita luz azul em torno de vocês, por inteiro, frente, atrás, acima e abaixo!

Envolvam-se nesta luz!

Com amor.

Eu Sou Mestre El Morya."

(Mensagem canalizada em 02/05/2017)

4ª Semana de Luz – Segunda - feira

Luz Dourada: Mestre Confúcio – Arcanjo Jofiel

Mestre Kuthumi (antigo Chohan - atual Instrutor do Mundo) - Mestre Lanto

(Virtudes: Sabedoria, Iluminação, Ciência, Tecnologia, Conhecimento, Inspiração)

Buddha Gautama: O Despertar!

"Que a luz pura existente no mais Alto de vossas consciências, no Sol Central que rege toda a energia vivente e toda a matéria, possa ser cada dia mais captada por todos vós, meus filhos queridos, meus irmãos em Cristo, meus pares em Luz!

Esta luz é a mais pura energia existente no Universo de Amor e Bondade e atinge a todas as camadas e existências do Planeta Terra.

Busquem sentir esta energia, em um momento de silêncio e paz. Ela trará a vós toda a calmaria e equilíbrio necessários à compreensão verdadeira sobre quem os humanos são e em breve será revelada à Vossa Essência o que estão fazendo aqui, mesmo àqueles que já tem um conhecimento inicial. Tudo será aprofundado na maior luz da sabedoria divina já enviada ao vosso Planeta!

O despertar da consciência aos seres aqui habitantes será amparado pela energia da luz dourada, para que possam ter maior facilidade nas apreensões dos ensinamentos que vêm crescendo a cada dia, sobre a relação natural existente entre toda ciência, tecnologia e política, com as energias existentes no Universo, em conexão direta e proporcional com energias semelhantes.

É momento de mudanças e isto causa certa instabilidade energética, mas está sendo e será ainda mais visível toda a energia negativa, que desmantela relacionamentos e as virtudes divinas pelo ego elevado, pelas vaidades, pelas soberbas, pelas luxúrias, pelos orgulhos, pelas arrogâncias, pelos egoísmos e por falsos profetas, os quais se conectarão, infelizmente, com mais energia densa e negativa, perdendo até mesmo o rumo! Mas, acalmem-se! Estão agora tendo a oportunidade de sair desta energia. Agora mesmo! Façam suas escolhas à luz do saber divino e mantenham-se na luz e na paz de Deus! É simples!

Eu vos amo e cuidarei para que aqueles que desejarem sinceramente e forem persistentes, mantenham-se na luz e as positividades virão como plantação florescida, naturalmente!

Muita Luz!

Energizem-se!

O Mestre Lanto, junto comigo, Confúcio e Mestre Kuthumi, estamos com todos vós!

Eu Sou Buddha."

(Mensagem canalizada em 19/09/2018)

Arcanjo Samuel: Corrente do Bem

"Olá amigos queridos!

A Nova Era está aí!

Vocês conseguem perceber, conseguem sentir como tantas pessoas estão buscando seu equilíbrio espiritual?

Isso quer dizer que estão em conexão como a nova ordem mundial de evolução espiritual dos seres terrenos.

Estamos em forte busca por purificação dos seres do Planeta Terra, o que exige de vocês dedicação à sua autopurificação e ao exercício cotidiano da caridade!

A Nova Era vem recheada de revelações, passadas pelo Espírito Guardião e Coordenador da Terra, Jesus, mas vem sendo apresentada também de outras maneiras, por palestras, descobertas científicas naturais, mensagens escritas, estudos constantes dentre outras formas, a atingir a compreensão de cada um.

Fiquem atentos a estas mensagens e divulguem sempre que puderem, para que os caminhos da luz se abram com maior facilidade, dentro de uma corrente energética positiva do bem, a abranger lares, ruas, cidades inteiras!

Vamos, meus irmãos, ajudem a espalhar energia do amor puro e do perdão!

A espiritualidade conta com a colaboração de todos!

Instruam-se a respeito, transmutem a paz no seu cotidiano e sentirão os efeitos do retorno do bem às vossas vidas, com mais paz e tranquilidade!

Fiquem com Deus!

Eu estarei convosco hoje e sempre!

Um fraterno abraço,

Eu Sou Arcanjo Samuel."

(Mensagem canalizada em 25/04/2018)

<h1 style="text-align:center">4ª Semana de Luz – Quarta-feira</h1>

Luz Branco-cristal: Mestre Seraphis Bey – Arcanjo Gabriel

(Virtudes: Pureza, Paz, Equilíbrio, Ascensão, Silêncio, Ressurreição,
Purificação, Limpeza de Karmas)

Mestre Seraphis Bey: Purificação

"Meus irmãos!

Peço licença para lhes trazer uma mensagem de paz, para que o mundo tenha apenas amor e paz!

Toda cura vem primeiramente da paz interior de cada um, da crença no Eu Sou dentro de vocês, de que vocês foram feitos à imagem e à semelhança do Cristo, que veio demonstrar à Terra e a seus povos o poder interior dos seres humanos, sempre quando conectados à mais Pura Energia Divina!

Irmãos, purifiquem vossos corações!

Vigiem seus pensamentos e, assim, poderão, numa grande corrente de luz ao redor do mundo, viver em um ambiente propício ao bem, ao amor e à tranquilidade que tanto anseiam!

Afastem-se de energias densas e façam um cordão pela paz no mundo!

Não entrem no sofrimento trazido pelas festividades da Páscoa, mas, cientificados dele, se inebriem do momento em que Cristo ressuscitou e mostrou ao mundo o poder do Eu Sou, validando, apesar das injustiças, todas as suas curas e seu exemplo como o caminho, a verdade e a vida!

Ascendam vossas luzes a cada dia para realizações puras de paz e amor!

Perdoem-se e perdoem a todos para que sigam em paz!

Eu vos amo!

Que a luz Branco-cristal da pureza e da ascensão cubra vocês neste dia e sempre!

Eu Sou Mestre Seraphis Bey."

(Mensagem canalizada em 28/03/2018)

<h1 style="text-align:center">4ª Semana de Luz – Quinta-feira</h1>

Luz Verde: Mestre Hilarion – Arcanjo Rafael – Mestra Mãe Maria

(Virtudes: Curas, Verdades, Justiça Divina, Concentração e Dedicação)

Mestre Hilarion: Verdade da Alma

"Meus irmãos,
Gostaria de lhes passar uma mensagem de amor e união!
Com o amor puro, desprovido de mágoas e raivas, poderão obter a redenção

espiritual, a evolução de que tanto precisam e é o motivo de estarem encarnados neste Planeta Terra!

Este amor incondicional, por vocês mesmos e pelos outros, permite que consigam se perdoar e perdoar a todos, unindo-vos em um anel de energias puras divinas que vão além do entendimento da carne, perpassam os níveis e energias densas até o Universo, em conexão, de pura sabedoria e luz eterna divinas, com o Deus Pai!

A união de energias positivas que se atraem mudará o mundo!

Afastem-se das energias negativas sempre que conseguirem!

Com o tempo, as luzes do bem serão tão intensas em seus corpos físicos e etéricos que afastarão naturalmente as energias ruins, pois se repelirão.

Confiem! Curem-se!

Os percalços da vida fazem parte de sua evolução. Passem bem por eles e aprendam as lições que vem lhes trazer.

Mantenham-se na luz para que sejam meras pedras no caminho, a construírem bases sólidas evolutivas e não se tornem vocês verdadeiras pedras brutas, porque esta não é a finalidade.

Sejam felizes, meus irmãos!

Fiquem na paz!

Que a luz verde da cura da alma inunde vocês na Verdade Divina!

Eu Sou Mestre Hilarion."

(Mensagem canalizada em 09/08/2017)

4ª Semana de Luz – Sexta - feira
Luz Rubi-dourada: Mestra Nada – Arcanjo Uriel
Mestre Jesus (antigo Chohan - atual Instrutor do Mundo)
(Virtudes: Misericórdia, Devoção, Amor, Curas)

Mestre Jesus: Amor Divino

"Meus irmãos!

Venho aqui através de suas orações!

Eu escuto sempre seus apelos! Não duvidem!

Sinto-me feliz cada vez que me chamam com amor, com fé, sinceramente, como seu eu fosse de fato um de vocês ainda, e SOU, mas em espírito desencarnado, que já passou por essa Terra, pelos desenganos da humanidade!

Mas sobrevivi e segui na luz!

Espero que vocês também sigam desta maneira, no caminho do bem e do amor!

Não hesitem em me chamar!

Eu estarei convosco!

Atenderei aos seus apelos, dentro de seu livre-arbítrio.

Eu ando vendo muitas maldades neste mundo, mas o bem prevalece!

Eu vos amo tanto!

Sintam o meu amor, sintam!

Minha energia de pureza e do perdão!

Chamem seus anjos, seus amigos espirituais. Protejam-se desta energia ruim que insiste em prevalecer, mas não irá, porque vocês, em uma grande corrente de luz, conseguem afastá-la.

Fiquem em paz! Eu vos amo!

Eu Sou Mestre Jesus."

(Mensagem canalizada em 24/04/2017)

4ª Semana de Luz – Sábado

Luz Violeta: Mestre Saint Germain – Arcanjo Ezequiel

(Virtudes: Transmutação e Transformação, Liberdade, Apelos, Compaixão)

Mestre Saint Germain: Amor e Proteção

"Meus queridos irmãos em Cristo!

Hoje começa um novo tempo! Um tempo de amor e reconciliação com vosso EU interior!

O hoje do momento em que vivemos, onde há um turbilhão de energias em desencontro, agora deverá ser transformado em pura energia do bem!

Transmutem seus destinos, meus irmãos!

Invoquem a Chama Violeta para vos auxiliar neste momento de mudanças e protejam-se das conexões energéticas inesperadas e indesejadas!

O tempo da verdade surge seus olhos, basta observarem como ao seu redor há energias tumultuadas, mas como também há pessoas e espaços de luz firmes nos propósitos divinos!

Portanto, é hora da escolha!

Decidam pelo bem e pelo amor incondicional, pelo perdão, pela misericórdia!

Curem seus corações e espíritos, curem os outros, pratiquem cotidianamente a caridade e sejam misericordiosos consigo mesmos e com o próximo!

Assim, vocês seguirão no caminho que Jesus veio ensinar, pois ele foi o exemplo da verdade e da vida em Deus!

Que a luz dourada da sabedoria ilumine suas decisões e atitudes e se una à luz rosa do amor incondicional e à luz azul da Proteção Divina, formando a Chama Trina em expansão dentro de cada coração, de cada ser Eu Sou!

Eu Sou a luz em cada um de vocês, a lhes transmutar os caminhos!
Eu Sou Mestre Saint Germain."

(Mensagem canalizada em 24/03/2018)

Mensagem da Espiritualidade de Luz

Mãe Maria: Proteção de Mãe

"Filhos de Deus, amem-se!

Meus filhos, eu me faço presente para lhes dar um abraço carinhoso, o amor incondicional, lhes trazendo toda a proteção divina da luz azul do meu manto sagrado a lhes cobrirem de fé, força e amor!

O Jesus Cristo, que veio como meu filho, mostrou-lhes claramente o que significa o caminho, a verdade e a forma pela qual a vida deve seguir aqui na Terra.

Vocês sabem o que fazer e como fazer para se perdoarem e purificarem.

Levem tudo conforme Deus quer e Jesus lhes ensinou!

Sejam meus filhos!

Eu amo muito vocês!

Do meu coração divino ao de cada um,

Eu Sou Mãe Maria."

(Mensagem canalizada em 30/03/2017)

Mensagem do Conselho Evolutivo

Mestra Portia: Justiça e Merecimento

"Salve Deus, Nosso Senhor!

A vida é um dom divino que deve ser desfrutado e aproveitado com responsabilidade e alegria.

Antes de encarnar, muitos dos seus karmas já estão previamente definidos e todo o caminho na Terra está estabelecido.

Durante a caminhada na Terra, as pessoas necessitam vencer seus medos e suas frustrações para poderem alcançar a redenção e cumprir sua missão.

Ter responsabilidade consigo e com a vida e aceitar com resignação as batalhas que são impostas é acreditar que Deus em seu plano divino, não deseja vê-los sofrer.

A missão de cada um é estabelecida antes de sua chegada à Terra e, por isso, deve-se ter a compreensão de que o cumprimento do plano kármico os levará ao encontro do EU Divino.

Ter a consciência cristã é acreditar na Justiça Divina e nos planos da vida.

Há sempre uma oportunidade de corrigir posturas viciadas, erros reiterados. E cabe a cada um olhar atento sobre si, mantendo sempre acesa a chama da fé e os ensinamentos de Cristo.

Ser justo é manter-se firme naquilo que Deus ensinou a todos. A Justiça Divina não falha.

Uma postura íntegra exige fé e aceitação.

Jamais devemos nos distanciar do justo, do correto e do digno. São eles responsáveis pelo nosso crescimento e nossa evolução espiritual.

Cada passo dado na caminhada da vida deve ser pautado no amor de Cristo.

Ajudar ao próximo é ajudar a si mesmo. Permite o crescimento moral e espiritual e torna o ser humano nobre.

A nobreza do homem está no acolhimento do irmão sofrido, na escuta daquele que precisa ser ouvido, na entrega do pão àquele que tem fome.

Ser justo e nobre aos olhos de Deus está muito além dos conceitos do mundo atual.

Para Deus, a simplicidade no olhar e o amor ao próximo torna os homens à semelhança do Pai Maior. São os sentimentos mais puros que dignificam a jornada e tornam a vida um presente diário.

Manter o amor diário à vida e à oportunidade de viver faz com que os planos da vida sejam cumpridos com tranquilidade e êxito.

Aceitar o que foi proposto ao encarnar é um exercício diário de amor e fé. É a certeza de que Deus, em sua infinita bondade, não os esquece e sempre os auxilia e ampara.

Amor e Paz a todos.

Eu Sou Mestra Portia."

(Mensagem canalizada em 24/07/2018)

Mensagem do Conselho Kármico

Luz Dourada: Mestra Libra - Integrante do Conselho Kármico

Mestra Libra: Justiça e Verdade

"Ao iniciarmos esta mensagem, vamos nos unir ao Pai Criador, de onde vêm todas as bênçãos infinitas do mais puro amor.

Paz em todos os corações!

Não nascemos para nos flagelar, mas para evidenciarmos em nós a melhoria de nossos atos, de nossa fonte suprema de vida, prorrogando a vigência do mais puro amor.

Filhos,

O caminho é bem curto, quando se percebe apenas o lado terreno, mas infinito diante do que se é na essência.

Se percorrerem com prudência, não lhes faltarão a luz, a força e o perdão.

Manipulem as forças inclusas em vossos corações.

Não vos aparteis do elo divino.

Nada se faz sem esperança.

Nada se faz sem compreensão.

Nada se faz sem esforço e sacrifício.

Nada se faz sem a permissão divina.

Olhem para o amanhã, não com receio do que virá, mas com o desejo da plenitude alcançada.

A cada esforço, um novo amanhã se faz.

A obra de Deus é perfeita para todos.

Não há privilégios, nem escolhidos.

Há a justiça perfeita de Deus.

A nenhum faltará a Luz.

A nenhum faltará o Consolo.

A nenhum faltará a Força.

Não se mostrem amedrontados diante dos reveses da vida e dos desconfortos gerados.

Aplainem com a esperança que dignifica e consola.

Na amorosidade tudo se conquista, tudo se faz.

O efeito regenerador os libertará das vicissitudes e os transportará a novos momentos de renovação.

A ninguém faltará o perdão, perdão este que não significa libertação sem freios, mas a oportunidade de recolocarem em ordem o que estava à deriva, sem esmero, sem ligação à fonte sagrada que rege vossas vidas.

Aqui quem vos fala não se coloca em relevância, mas simplesmente se faz presente, para lhes dizer do puro amor divino, que não estabelece regras, nem limitações, apenas os quer envoltos na certeza do caminho que os levará aos píncaros da luz e da paz.

Cresçam em sabedoria, evoluam no perdão e amor e prescrevam regras de condicionamentos que os mantenham atrelados ao amor do Pai.

O amor que tudo faz por seus filhos amados.

Com bondade e amor, eu os saúdo e os louvo com a minha infinita paz.

Eu Sou a Mestra Libra, do Raio Dourado do Amor Universal."

(Mensagem canalizada em 24/07/2018)

Mensagem do
Conselho de Amparadores

Mestra Maria: Justiça e Perdão

"Que a paz do Senhor Jesus Cristo esteja com vocês!

Meus queridos filhos, amem o teu próximo, como Jesus vos amou.

Não procurem perfeição em vossos corações, pois é através do seu Amor Incondicional que vos ensinarás a percorrer os caminhos do amor.

É através dos seus exemplos, de amor, de bondade e de compaixão, que vos ajudarás a encontrar a sua essência Divina.

É através do amor, da alegria e da compaixão para com o próximo, que o mundo se tornará melhor.

Emanem em vossos corações vibrações de muita luz, paz e amor.

Sejam luz na vida dos teus irmãos!

Que Deus seja louvado!

Eu Sou Mestra Maria.”

(Mensagem canalizada em 24/07/2018)

Mensagem do Dirigente da Equipe da Colônia Médica do Grande Coração de Astheriã e Grupo Anjos de Luz

Luz Verde, luz Azul, luz Dourada e luz Branco-Cristal: Dr. Helmuth - Integrante dos Conselhos de Amparadores e Evolutivo

Dr. Helmuth: Dedicação, Amor e Gratidão

“Louvado seja o nome de Cristo!

Salve a Equipe da Colônia Médica do Grande Coração de Astheriã!

Foi lançado um grande e ambicioso projeto de ajuda ao próximo em 1985.

A cada ano, esse projeto toma vulto e vem crescendo de forma gradual, firmando-se nas bases cristãs do amor incondicional, da disponibilidade, da dedicação, da disciplina, da superação, do estudo, da consciência, do trabalho em equipe.

Com o passar dos anos, esse projeto de ajuda ao próximo começou a delinear e apontar a direção correta a ser seguida. Grandes e muitos foram os desafios, no entanto, maiores foram os resultados de transformação e transmutação para se alcançar a melhora física, espiritual, mental, emocional de todos aqueles que buscaram e continuarão a buscar consolo para suas dores, quer física, espiritual, mental, emocional, enfim, dores que avassalam o ser humano em geral, não importando a sua origem, a sua raiz.

Agradeço especialmente à Equipe Médica Espiritual, Equipe que tenho oportunidade de dirigir, orientar, coordenar e aprender, e como tenho aprendido com esses espíritos dedicados e irmanados na luz, no bem, na consciência coletiva do amor incondicional, amor maior que guia, direciona, faz com que todos os obstáculos sejam superados um a um.

O meu reconhecimento imensurável à Equipe de Trabalhadores e Obreiros especializados em Suporte para os tratamentos médico-espiritual presencial ou à distância. São esses espíritos iluminados e comprometidos com a cura que proporcionam tranquilidade, segurança, equilíbrio, harmonia vibracional em todos os continentes deste Planeta em que estivermos atuando.

Gratidão à Equipe de Médiuns que se disponibiliza para os atendimentos espirituais, uma vez que, nesses dias, incontáveis vezes envolvem seus corações na luz transformadora e transmutadora da Chama Trina, colocando-se a serviço do amor, da luz e do bem.

Gratidão à Equipe de Auxiliares (Anjos Amigos) que sempre se dispõem em contribuir com trabalho, disponibilidade, conhecimento.

Enfim, cada um doa o que tem de melhor dentro do seu coração: AMOR. E amor não se compra, não se vende, não se precifica. AMOR simplesmente é demonstrado em pensamentos, sentimentos e atitudes.

Agradeço-te ó Pai de Misericórdia e Amor Infinito, Jesus Cristo, Virgem Maria, Cristo, Patrono do Planeta Terra, por todas as bênçãos colhidas em todos os dias de trabalho, e que possamos continuar a trilhar o caminho da luz e do aprendizado, da humildade, da disciplina, do perdão, da compreensão, da aceitação, da paciência, da tolerância, da compaixão e misericórdia, vencendo as dificuldades e as tribulações.

Que todos, enfim, aprendam a perdoar, a compreender e a aceitar a si e ao outro como ele é, a ser misericordioso, a ser compassivo, a trabalhar sem reclamar, a fazer o bem sem olhar a quem, a estudar continuamente sem preguiça, a ser pontual, assíduo, comprometido, responsável e, principalmente, não se olvide de que, todo o bem, paz, luz, amor e abundância que pede incessantemente aos céus está bem diante de ti.

Busca e acharás, bata e a porta se abrirá, e com a luz de sua alma encontrará o que tanto procura. Vidas novas, novos tempos. Amor incondicional e trabalho em equipe definem tudo.

Vespasiano, 25 de março de 2018, 17h05min.

Louvado seja Cristo!

Salve a Equipe da Colônia Médica do Grande Coração de Astheriãn.
Eu Sou Dr. Helmuth."

(Mensagem canalizada em 25/03/2018)

Meditações em orações

Luz Verde: Dr. Miguel - Integrante da Equipe da Colônia Médica do Grande Coração de Astheriãn

Invocação da chama azul

"Arcanjo Miguel, incansável protetor de todos nós aqui na Terra, peço-te que, juntamente com seus anjos, soldados e a espiritualidade da luz azul, traga para mim agora mesmo a proteção de todo mal que esteja espalhado em energias negativas!

Que com sua espada, Arcanjo Miguel, de pura misericórdia, afaste de mim toda energia nefasta!

Que com o auxílio do escudo de São Jorge, façam verdadeira barreira de proteção a mim, aos meus familiares, à minha casa e ao meu ambiente de trabalho!

Que o manto azul de Mãe Maria seja, neste momento, colocado sobre mim, sobre meus filhos e parentes, sobre as pessoas com quem convivo diariamente, de modo que nada possa me atingir de maneira a me fazer mal e a me causar desequilíbrios!

Peço, ainda, aos Mestres da Luz Azul que expandam em mim minha FÉ e a crença de que estou neste dia elevando minha consciência ao Divino e, assim, compreendendo melhor quem de fato Eu Sou e o que estou fazendo neste Planeta!

Confio que entendi que Eu Sou um ser criado em perfeição pelo Pai Universal e à Sua semelhança!

Eu tenho fé de que as energias do bem que venho invocando em pensamento terão o poder de me restabelecer como ser divino e pacífico, afastando todos os dias as limitações causadas pela elevação indevida do ego, como vaidades, soberbas, ansiedades decorrentes de medos, doenças advindas dos maus pensamentos e más condutas, luxúria, ganância.

Afasto, neste momento, com o poder da luz azul da fé e da proteção, todas estas mazelas que ainda estejam em meu ser e peço que expanda do meu Eu Sou

Divino, que está dentro de mim e no meu coração, todas as virtudes ligadas à perfeição, para que eu ande protegido e também em constante atuação pelo bem, com simplicidade, caridade, misericórdia, amor, perdão, equilíbrio e auto vigília!

Assim é o que eu desejo profundamente!

Luz azul, me envolva e me proteja, cresça minha fé de que tudo dará certo, porque estou com meu Eu Sou conectado ao Universo Divino - Deus!

Amém, Amém, Amém e Amém!"

Invocação da chama dourada

"Invoco agora, neste momento mesmo, que desça sobre mim a luz dourada da Sabedoria Divina, para que ilumine meu caminho nesta vida, de modo que eu possa fazer as escolhas corretas, dentro dos ensinamentos de Jesus Cristo e cumpra meus propósitos divinos na Terra!

Que a luz dourada e todos os Anjos e Santos, Espíritos de Luz possam ficar ao meu lado hoje e sempre, me auxiliando a enxergar as soluções positivas para os meus problemas cotidianos, familiares, profissionais e internos, e que esta luz tão brilhante doure de bênçãos minha vida e meu coração!

Neste instante, eu expando minha própria luz dourada interior, que sai do centro de meu corpo e está junto com a luz azul e a luz rosa, levando-a à minha mente, para que seja meu norte para o crescimento do meu Eu Sou Perfeito e Divino, com conexão direta à Energia Suprema e Perfeita do Universo (Deus), para condução de minha vida, a partir de agora, tão somente no caminho da luz e do bem, atraindo para mim mais luz, paz e bem!

Que assim seja!"

Invocação da chama rosa

"Meu Pai Celestial, Energia Pura do Universo, trazei para mim, neste dia, o mais puro amor por mim mesmo, pelo próximo, por todas as criaturas vivas e por todas as coisas a mim disponibilizadas para uso!

Que eu possa fazer destas coisas meios hábeis à minha edificação espiritual até os céus, utilizando-os de maneira justa e equilibrada, a fim de torná-los instrumentos de minha paz interior, rumo ao meu autoconhecimento e à minha regeneração, para vivência terrena feliz e plena!

Eu creio que a força deste meu pensamento positivo de puro amor a tudo e a todos poderá me trazer de volta ao meu Eu Sou Perfeito de Amor, como Deus Pai me criou!

Confio à Espiritualidade de Luz e à minha própria luz que isto se materializará agora mesmo, trazendo as consequências do perdão, como base de tudo, e da misericórdia, ao meu cotidiano e às mazelas da vida, exercitados pelo silêncio e pela atuação caridosa e pacífica com o outro, comigo mesmo e com as coisas disponíveis para nosso bem viver!

Que assim seja!"

Invocação da chama branco-cristal

Mantra:
"Eu Sou Luz!
Eu Sou Perfeição!
Deus está em mim!
Se Deus está em mim, nada, nem ninguém estarão contra mim!"

Orientações para esta meditação

Repetir o mantra acima, de olhos fechados e imaginando uma luz branca dentro de seu peito, saindo e lhe cobrindo da cabeça aos pés e SINTA o calor desta energia de paz e tranquilidade, restabelecendo a conexão energética divina do seu Eu Sou Perfeito com o Eu Sou Perfeito do Universo (Deus), em fusão em uma única energia do bem!

Permaneça assim por alguns segundos e SINTA a felicidade que traz, imaginando-se em ascensão interior de seu espírito à elevação Superior, ascendendo, por conseguinte, todas as situações estagnadas em sua vida (ex.: desequilíbrios, finanças, relacionamentos, trabalhos, etc.), para algo melhor e próspero!

Após, coloque em sua mente algo que lhe incomode e que deseja solucionar para o bem, e neste momento, CUBRA toda a situação de luz Branco-cristal e imagine fortemente se resolvendo e ascendendo para algo melhor ainda, MATERIALIZANDO seus desejos justos e CRENDO que isto de fato já está acontecendo, de modo que SINTA satisfação com o resultado já alcançado, eis que envolvido na Perfeição Divina, que afasta todo o mal e atrai o seu desejo justo e puro!

Que assim seja!

Invocação da chama verde

"Oh, Senhor Deus Pai!

CREIO, neste momento de aflição (imaginar a doença, o que lhe angustia ou uma situação de injustiça), que a Verdade Divina se fará presente, sem necessidade de que eu mesmo tome qualquer atitude exacerbada!

Verdade esta que trará a mim a cura de que tanto necessito, para meus problemas físicos e emocionais, e que está relacionada ao meu próprio poder de emanação das energias do bem, existentes dentro de mim mesmo, que em expansão atrairão para mim e para o meu redor toda a cura necessária para as mazelas que me entrelaçaram num momento de descuido espiritual.

É JUSTO que o meu Eu Sou Divino seja expandido e me traga toda a bondade do Universo, afastando de mim energias negativas e curando sentimentos ruins que ainda me perturbam, para que eu seja livre e curado de todas as feridas do passado, provocadas por mim mesmo ou por outrem!

Eu Sou o Poder da autocura, da CURA do outro e CREIO que SOU instrumento de transmissão da luz verde para sarar doenças do corpo e da mente e para divulgação da Verdade Divina sobre nosso potencial curativo, vindo com a Justiça aos homens aos fatos, a trazer paz na Terra!

Orai e vigiai sempre.

Que assim seja!"

Orientações para esta meditação

Oremos e INVOQUEMOS a luz verde, da Cura da alma, do espírito e do corpo físico e etérico! Imagine saindo de suas mãos uma luz verde, entrando no local doente do corpo ou do ambiente.

Invocação da chama rubi-dourada

"DESEJO que, a partir de agora, eu consiga exercitar o poder da Misericórdia Divina a mim mesmo e ao próximo, de modo a tentar cotidianamente seguir o caminho, a verdade e a vida que Jesus Cristo veio nos ensinar.

A partir de agora, TEREI maior vigilância quanto aos meus atos e não hesitarei em pedir perdão a mim mesmo quando errar, bem como ao próximo, de modo a me levantar das pequenas quedas e seguir livre no caminho do bem e do amor incondicional.

Tentarei, também, a partir deste instante, olhar com maior compaixão o outro, com tolerância e resignação nas atitudes.

Peço a Deus, aos Mestres da Luz Rubi-dourada, que me revistam de CORAGEM para enxergar meus erros e de tranquilidade com os erros do outro, bem como para INICIAR a prática de algum ato de caridade, de modo a me conectar ainda mais com a energia Suprema e não deixar espaços vazios para as energias do mal me deprimirem ou me fazerem sentir as mazelas da solidão.

EU ME AMO e AMO AO PRÓXIMO!

GRATIDÃO por todas as vezes que caí e me levantei melhor ainda, na Paz de Deus!"

Orientações para esta meditação

Imaginar a luz rubi-dourada em todo lugar e a imagem de Jesus feliz, fazendo caridades e curas, ao fazer esta oração!

Invocação da chama violeta

"Chama Violeta, vem me cobrir de regeneração e queimar todas as mazelas existentes em mim, decorrentes do ego exacerbado.

Afaste de mim os medos, as inseguranças, as ansiedades, as soberbas, as vaidades, os orgulhos desmedidos, as maledicências, as luxúrias, os egoísmos e as intolerâncias de todas as naturezas!

Queime toda energia nefasta que tenha se aproximado de mim, da minha casa, da minha família, do meu trabalho e ROGO aos Mestres, Anjos e Arcanjos da Luz Violeta, em nome de Saint Germain, que afastem de mim todo o mal e limpem a mim e a todo lugar por onde eu ande, com o poder do meu próprio Eu Sou, que deseja profundamente e, agora mesmo, transmutar toda energia densa em perfeição e bondade!

Que essa transmutação se CONCRETIZE AGORA mesmo, com a força do MEU querer e que todas as situações internas e externas se tornem felizes e pacíficas, libertadoras!

Que isso se MATERIALIZE neste instante e a partir de agora tudo se encaminhe límpido e transluzente, para a manutenção da conexão energética com o Bem!

Que assim seja!"

Orientações para esta meditação

Imagine uma Chama Violeta subindo de seus pés devagar, queimando toda a imperfeição de seu ser, subindo, subindo e saindo de sua cabeça, levando todo seu ego aguçado e lhe libertando de todas as amarras, retomando, assim, sua pureza e perfeição do seu Eu Sou Divino.

Imagine no ambiente Chamas Violetas saindo dos rodapés de todas as paredes, subindo ao local e queimando toda a negatividade e, depois, imagine circulando ali mesmo uma luz violeta translúcida, transmutando as energias para o bem e harmonizando o ambiente, para o bom convívio entre as pessoas e o adequado desenrolar dos trabalhos e das relações ali existentes.

Feche os olhos e repita quantas vezes necessitar!

Que assim seja!

"Eu Sou Dr. Miguel."

(Mensagens canalizadas em 29/08/2018 e 05/09/2018)

Orações inspiradoras

Invocação do Arcanjo Miguel

Arcanjo Miguel em minha frente,
Arcanjo Miguel em minhas costas,
Arcanjo Miguel do meu lado direito,
Arcanjo Miguel do meu lado esquerdo,
Arcanjo Miguel acima da minha cabeça,
Arcanjo Miguel dentro do meu coração,
Arcanjo Miguel abaixo dos meus pés.
Que possa me guiar em todos os bons caminhos
E onde quer que eu vá,
Que a luz azul de sua espada,
Me abençoe, me proteja, me guarde, me ampare,
Me livre de todos os males,
Hoje, amanhã e todos os dias da minha vida.
Amém, amém, amém, amém!

(Fonte: www.grupoanjosdeluz.org.br)

Oração de São Francisco

Senhor, fazei de mim um instrumento da Vossa paz.
Onde houver ódio, que eu leve o amor.
Onde houver ofensa, que eu leve o perdão.
Onde houver discórdia, que eu leve a união.
Onde houver dúvidas, que eu leve a fé.
Onde houver erro, que eu leve a verdade.
Onde houver desespero, que eu leve a esperança.
Onde houver tristeza, que eu leve a alegria.
Onde houver trevas, que eu leve a luz.
Ó Mestre, fazei que eu procure mais:
Consolar, que ser consolado;
Compreender, que ser compreendido;
Amar, que ser amado.
Pois é dando que se recebe.
É perdoando que se é perdoado.
E é morrendo que se vive para a vida eterna.

(Fonte: www.grupoanjosdeluz.org.br)

Mantra do Perdão, Amor e Gratidão do Grupo Anjos de Luz

Hoje me perdoo.
E neste momento perdoo a todos.
Peço perdão.
Sinto muito.
Eu me amo.
Amo a todos.
Sou grato.
Estou livre!
Todos estão livres!
Assim é.
Assim será.
Está feito!
Amém, amém, amém e amém.

(Síntese do Ho'oponopono elaborada pelo Grupo Anjos de Luz)

Ho'oponopono é um processo de nos desfazermos das energias tóxicas que existem dentro de nós, para possibilitar o impacto de pensamentos, palavras, realizações e ações Divinos[2].

Pai Nosso em Aramaico

Pai-Mãe, respiração da vida,
Fonte do som, Ação sem palavras, Criador do Cosmos!
Faça sua luz brilhar dentro de nós, entre nós, e fora de nós para que possamos torná-la útil.
Ajude-nos a seguir nosso caminho, respirando apenas o sentimento que emana do Senhor...
Nosso EU, no mesmo passo, possa estar com o seu, para que caminhemos como Rei e Rainhas com todas as criaturas.
Que o Seu e o nosso desejo, sejam um só, em toda a Luz, assim como em todas as formas, em toda existência individual, assim como em todas as comunidades...
Faça-nos sentir a alma da terra dentro de nós, pois, assim, sentiremos a Sabedoria que existe em tudo. Não permita que a superficialidade e a aparência das coisas do mundo nos iludam, e nos liberte de tudo aquilo que impede nosso crescimento...
Não nos deixe ser tomados pelo esquecimento de que o Senhor é o Poder e a Glória do mundo, a Canção que se renova de tempos em tempos e que a tudo embeleza.

---

[2] VITALE, Loe; LEN, Ihaleaka Hew. Limite Zero: o sistema havaiano secreto para prosperidade, saúde, paz e mais ainda. Rio de Janeiro: Rocco, 2009.

Possa o Seu amor ser o solo onde crescem nossas ações.
Que assim seja!

(Fonte: www.grupoanjosdeluz.org.br)

Oração Metta

Que todos os seres possam ser felizes, contentes e realizados.
Que todos os seres possam se sentir saudáveis e perfeitos.
Que todos possam ter aquilo que querem e de que precisam.
Que todos estejam protegidos contra o mal e livres do medo.
Que todos os seres tenham paz interior e bem-estar.
Que todos estejam despertos. Liberados, e não tenham limitações.
Que ninguém engane o outro, nem despreze qualquer ser, em qualquer situação.
Que ninguém por raiva ou má vontade deseje o mal de outro.
Que haja paz neste mundo e no universo inteiro.
Que todos estejam livres do sofrimento e das causas do sofrimento.
Que todos encontrem a felicidade e as causas da felicidade.

(Fonte: do livro "Despertar do Buda Interior" de Lama Surya)

Mensagem final

"Caro(a) amigo(a),

Desejamos que, nesse momento de despertar, o seu olhar se volte ao passado apenas para desfazer-se do fardo das culpas e arrependimentos!
Lance seu olhar novamente para o horizonte com a consciência plena, compreendendo quem Eu Sou.

Equipe da Colônia Médica do Grande Coração de Astheriã.

Orai e vigiai sempre.
Luz, paz e bem!"

(Mensagem canalizada em 25/09/2018)

Glossário da vitalidade

Abaixo, segue o Glossário da Vitalidade, com a finalidade de iniciar a compreensão sobre os diversos tipos de tratamentos e terapias espirituais já disponíveis no Grupo Anjos de Luz:

Aromaterapia: É um método terapêutico que utiliza aromas de óleos essenciais (extraído de plantas) para trazer bem-estar físico, espiritual, mental e emocional.

Cristaloterapia: É o uso de pedras e cristais que auxiliam na harmonização e no equilíbrio, tanto de ambientes quanto dos chakras, promovendo o bem-estar físico, emocional e mental.

Cromoterapia: É um tratamento que, através das cores, estabelece o equilíbrio e a harmonia dos chakras (centros de força).

Florais: As essências florais são extratos líquidos naturais (extraído de flores), que ajudam a restabelecer o estado físico, espiritual, mental e emocional.

Fluidoterapia: Através de preces, a água recebe fluidos espirituais benéficos, que nela permanecem por um período determinado. O uso da água fluidificada é de acordo com a necessidade de cada um, sendo ela condutora de harmonia entre corpo, mente, emoção e espírito.

Orações: É uma forma de conectar-se com Deus através da oração. Propicia conforto e alívio.

    Oração Pessoal: É a transmissão de fluidos energéticos à distância com o objetivo de equilibrar e harmonizar os corpos físico, espiritual, mental e emocional.

    Oração para a Casa: É a transmissão de fluidos energéticos à distância com o objetivo de equilibrar e harmonizar o ambiente.

Passes: É a transmissão de fluidos magnéticos ou espirituais através da imposição das mãos.

Reiki: É a energia vital espiritualmente guiada, transmitida através da imposição das mãos que promove e restaura o equilíbrio e o bem-estar entre corpo, emoção, mente e espírito.

Tratamento Espiritual à Distância: É a transmissão de fluidos energéticos pela Equipe Médica Espiritual, sendo que o solicitante fica em sua própria casa, em horário determinado, por um tempo estabelecido, visando a auxiliar no tratamento de doenças dos corpos físico, espiritual, mental e emocional.

Tratamento Espiritual Presencial: É um conjunto de ações terapêuticas, de embasamento religioso entre Médiuns e Equipe Médica Espiritual, visando a auxiliar no tratamento de doenças do corpo físico, espiritual, mental e emocional. O tratamento espiritual presencial acontece SOMENTE na cidade de Belo Horizonte, Minas Gerais, Brasil.

Gratidão!

Mais informações no site www.grupoanjosdeluz.org.br